Frases e citações para todas as ocasiões

São Paulo
2010

EDITORA ALAÚDE

1ª edição em fevereiro de 2010 - Impresso no Brasil

***Publisher*:** Antonio Cestaro
Editora: Alessandra J. Gelman Ruiz
Capa e projeto gráfico: Walter Cesar Godoy

Dados Internacionais de Catalogação na Publicação (CIP)
(Câmara Brasileira do Livro, SP, Brasil)

Frases e citações para todas as ocasiões / coordenação editorial Editora Alaúde . -- São Paulo : Alaúde Editorial, 2010.

1. Citações - Coletâneas 2. Conduta de vida 3. Máximas.

10-01246 CDD-808.882

Índices para catálogo sistemático:
1. Citações : Coletâneas : Literatura 808.882
2. Frases : Coletâneas : Literatura 808.882

ISBN 978-85-7881-038-2

Rua Hildebrando Thomaz de Carvalho, 60
CEP 04012-120 - São Paulo - SP - Brasil
Fone: (11) 5572-9474 / 5579-6757
www.alaude.com.br - alaude@alaude.com.br

Sumário

Introdução

Muitas vezes, estamos em determinadas datas festivas, oportunidades e ocasiões em que algumas palavras precisam ser transmitidas. Ou então estamos com amigos, parentes, pessoas queridas, e é necessário marcar, com um pensamento ou uma frase, aquele encontro ou dia especial.

Para esses momentos, reunimos neste livro centenas de frases e citações para serem usadas quando for necessário escrever, ou até mesmo dizer, palavras de significado, que expressam perfeitamente o que se quer externar. São ideias condensadas em frases inteligentes, impactantes, ditas por famosos ou anônimos, e que sintetizam um sentimento que queremos transmitir e talvez não saibamos como. As frases que têm autores conhecidos possuem seu nome assinalado logo embaixo. Nas quais não consta nome, a autoria não é determinada ou então é desconhecida.

Esta obra foi feita para que você copie as frases, use-as, inspire-se, adapte, utilize algum trecho, combine sentenças e invente. São mensagens de agradecimento, amizade, amor, aniversário, apoio, casamento, datas comemorativas, desculpas, família, formatura, incentivo, namoro, nascimento, Natal e Ano Novo, trabalho, etc. Utilize-as em seus cartões, bilhetes, cartas, emails, presentes, ou na oportunidade em que forem adequadas. Certamente, este será um livro de grande utilidade para você em todas as situações!

Agradeço por você me fazer sorrir. Agradeço pelo brilho de seus olhos. Agradeço por seu sorriso, por me fazer acreditar que sou capaz! Agradeço por me fazer acreditar que existem pessoas maravilhosas no mundo!

Mesmo que tivesse em minhas mãos todo o perfume das rosas, toda a beleza do céu, toda a pureza dos anjos, toda a inocência das crianças, toda a grandeza do mar, toda a força das ondas; mesmo que eu tivesse todas as coisas belas da vida e todos os belos lugares do mundo, nada teria sentido se não fosse você! Obrigado por você existir em minha vida!

Gestos de carinho, atenção e delicadeza fazem-nos perceber o quanto algumas pessoas são especiais na forma de ser e como são bem-vindas as suas ações. Muito obrigado!

Agradeço você por me ensinar a ter fé em mim mesmo. Obrigado!

Mesmo que a palavra obrigado signifique muito, não expressa por inteiro o quanto seu gesto atencioso e delicado foi importante para mim.

Como grãos de areia que compõem imensas dunas, como pequenas gotas que formam as chuvas, gestos de compreensão, ternura e respeito são partes de um amor maior. Muito obrigado!

Todos os dias, quando acordo, eu me lembro de sua face. O brilho que irradia dos seus olhos me ajuda a seguir com mais ânimo e alegria, pois você, é, e sempre será, muito especial para mim.

Obrigado por ter enriquecido esse dia com a felicidade da sua presença. Aceite meus agradecimentos por estar perto de mim nessa ocasião tão especial.

É bom sentir gratidão, mas é melhor ter alguém tão especial para quem agradecer! Obrigado!

—•—

De um coração tão caloroso e bom, só poderiam vir coisas boas. Obrigado por tudo o que fez por mim!

—•—

Todos temos motivos para a gratidão quando pessoas especiais passam por nossa vida e doam tempo e bondade para partilhar conosco e nos fazer saber, por bons atos, que estamos em seus pensamentos e que elas se importam conosco. Você é uma dessas pessoas especiais, e merecerá minha eterna gratidão!

—•—

As coisas que você faz, com tanta compreensão e bondade, me enchem de gratidão. Obrigada, por se importar comigo e iluminar meu viver.

—•—

Agradeço a você que esteve ao meu lado nos momentos em que chorei e nos momentos em que sorri; nas horas em que me lamentei e nas horas em que, de uma forma ou de outra, demonstrei total alegria. Obrigado pelo sorriso diário, sem mágoas nem rancores, pelo peito aberto e pela alma explosiva. Você fez, faz e fará sempre parte de minha história!

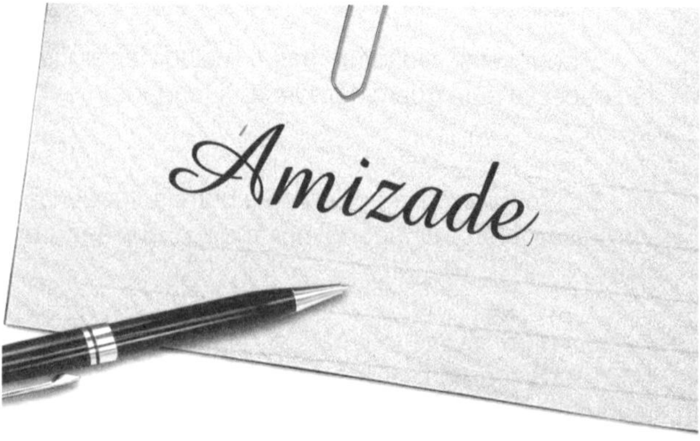

Amigos são pessoas com as quais ousamos ser nós mesmos.

Frank Crane

Os verdadeiros amigos sabem entender o silêncio e manter a presença, mesmo quando ausentes.

Dominguinhos e Renato Teixeira

Só sentimos o valor de um verdadeiro amigo quando ele se faz notar pela ausência.

Pe. Tabir R. Teixeira

Não se pode ir longe na amizade sem se dispor a perdoar as pequenas faltas um do outro.

Jean de la Bruyère

Feliz é a casa que recebe um amigo.

Ralph W. Emerson

Sempre soube que seríamos amigos, não só porque podemos falar de tudo, mas também porque sabemos calar juntos.

Manuela Casal

Nos momentos felizes, um amigo aparece somente se o chamarmos; mas, nos tristes, vem sem que seja preciso pedir.

Demétrio

A amizade não se obriga, mas brota espontânea no coração.

Ives Vaet

O homem mais rico do mundo é aquele que ainda guarda o primeiro amigo que fez.

Ives Vaet

Nunca a fortuna põe um homem em uma altura tão grande que não precise de um amigo.

Sêneca

Os amigos são como flores que precisam ser regadas de vez em quando, para continuar florindo.

Al Stevens

— • —

A amizade começa quando, estando juntas, duas pessoas podem permanecer em silêncio sem se sentir constrangidas.

Tyson Gentry

— • —

A amizade é a corda que amarra o coração de duas pessoas.

John Evelyn

— • —

A amizade é um só espírito em dois corpos.

Mencius

— • —

A amizade mais profunda e dedicada pode ser ferida por uma pétala de rosa.

Nicolas Chamfort

— • —

O amor nem sempre é proveitoso, mas a amizade sempre é.

Sêneca

A confidência corrompe a amizade; muito contato a consome; o respeito a conserva.

Cícero

A verdadeira amizade é como a saúde perfeita: seu valor raramente é reconhecido até que seja perdida.

Charles Caleb Colton

Talvez as melhores amizades sejam aquelas em que haja muita discussão, muita disputa e, mesmo assim, muito afeto.

George Eliot

Apenas os solitários conhecem a alegria da amizade. Para quem está longe, os amigos são tudo.

Warren G. Harding

Amizades são frágeis e requerem muito mais cuidado que todas as outras coisas frágeis que existem.

Randolph S. Bourne

As pessoas realmente conectadas não precisam de ligação física. Quando se reencontram, mesmo depois de muitos anos afastadas, têm sua amizade tão forte quanto sempre.

Deng Ming-Dao

— • —

Os laços de amizade são mais estreitos que os de sangue da família.

Giovanni Boccaccio

— • —

Quem planta uma semente de amizade colhe um buquê de felicidade.

Lois L. Kaufman

— • —

A verdadeira amizade é uma planta que cresce lentamente, e deve experimentar e resistir aos choques da adversidade antes de receber o nome de amizade.

George Washington

— • —

Uma das alegrias da amizade é saber em quem confiar.

Alessandro Manzoni

— • —

A melhor parte da vida de uma pessoa está nas suas amizades.

Abraham Lincoln

Só existe uma coisa melhor que fazer novos amigos: conservar os velhos.

Elmer G. Letterman

— • —

Amigo: alguém que sabe de tudo a seu respeito e gosta de você mesmo assim.

Elbert Hubbard

— • —

Amigo é quem o socorre, não quem tem pena de você.

Thomas Fuller

— • —

Raras são as pessoas que têm caráter suficiente para se alegrar com os sucessos de um amigo sem ter uma sombra de inveja.

Ésquilo

— • —

A única maneira de ter um amigo é sendo um.

Ralph Waldo Emerson

— • —

Somos todos viajantes pelas agruras do mundo, e o melhor que podemos achar em nossas viagens é um amigo honesto.

Robert Louis Stevenson

Quando um amigo tem um problema, não o deixe perguntar se existe algo que você possa fazer. Pense em algo apropriado e faça.

Edgard Watson Howe

— • —

O amor é a única força capaz de transformar um inimigo num amigo.

Martin Luther King

— • —

Não estarei destruindo meus inimigos quando os transformar em amigos?

Abraham Lincoln

— • —

A amizade é tão verdadeira e vital que não há nada mais sagrado e vantajoso para se desejar no mundo.

Santo Agostinho

— • —

A amizade soma a felicidade e subtrai o sofrimento, multiplica a nossa alegria e divide a nossa dor.

Joseph Addison

— • —

A companhia de todos não vale a companhia de um amigo.

Uma vida sem um amigo é uma vida sem sol.

Podemos viver sem um irmão, mas não sem um amigo.

O destino nos dá os irmãos, mas o coração escolhe os amigos.

Se fizermos um favor a um amigo, não devemos lembrar. Se recebermos um favor de um amigo, nunca devemos esquecer.

Amizade é como música: duas cordas que vibram juntas afinadas no mesmo tom.

Amizade, palavra que descreve vários sentimentos, mas que não pode ser trocada por coisas materiais. Deve ser guardada e conservada no coração.

Para uma virtude, basta um homem. Para uma amizade, são necessários dois.

O melhor amigo é aquele que o vento não leva, a poeira não suja, o fogo não queima e a distância não separa.

Um amigo verdadeiro não o visitará na fartura, a menos que você o convide; mas quando você estiver em dificuldade, ele o visitará sem ser convidado.

— • —

O amigo não é aquele que nos faz algum bem, mas aquele que está sempre e em todo lugar junto conosco.

— • —

Celebrar a vida é somar amigos.

— • —

Não há solidão mais triste que a de alguém sem amigos.

— • —

A falta de amigos faz com que o mundo pareça um deserto.

— • —

Não deixe crescer a erva daninha no jardim da amizade.

— • —

Não se pode cultivar uma boa amizade sem estar disposto a perdoar os pequenos defeitos um do outro.

— • —

Cada novo amigo que ganhamos no decorrer da vida aperfeiçoa-nos e enriquece-nos, não tanto pelo que nos dá, mas pelo que nos revela de nós mesmos.

O melhor espelho é um velho amigo.

Todas as riquezas do mundo não valem um bom amigo.

Devemos nos comportar com nossos amigos do mesmo modo como queremos que eles se comportem conosco.

A verdadeira amizade é aquela que nos permite falar ao amigo de todos os seus defeitos e de todas as nossas qualidades.

Às vezes, as pessoas dão mais importância a um inimigo que aos verdadeiros amigos.

Um amigo se faz rapidamente, mas a amizade é um fruto que amadurece lentamente.

Não fazemos amigos: os reconhecemos.

O amor tem suas razões, que a lógica não compreende, assim como o destino tem suas ironias, que a razão não explica.

Artur Orlando

— • —

As coisas importantes são invisíveis aos olhos; só se vê bem com o coração.

Antoine de Saint Exupéry

— • —

Amar não é olhar um para o outro, mas olhar juntos na mesma direção.

Antoine de Saint Exupéry

— • —

Ninguém vale nada enquanto não for amado.

Tennessee Williams

Quem não ama a si mesmo não consegue amar aos outros.

A. Kner

— • —

Uma vida sem amor é como uma árvore sem flores e sem frutos. E um amor sem beleza é como uma flor sem perfume. Vida, amor, beleza: eis a minha trindade.

Kalil Gibran

— • —

Não há amor sem coragem e não há coragem sem amor.

Rollo May

— • —

O verdadeiro amor nunca se esgota. Quanto mais se dá, mais se tem.

Saint Exupèry

— • —

É preciso amar as pessoas como se não houvesse amanhã, porque se você parar para pensar, na verdade não há.

Renato Russo

— • —

Amar, porque nada melhor para a saúde que um amor correspondido.

Vinícius de Moraes

Amor é a aceitação de que entre mim e meu semelhante existem muitas e preciosas diferenças a serem respeitadas.

Anna Verônica Manter

— • —

Ser amado é consumir-se na chama. Amar é luzir com uma luz inesgotável. Ser amado é passar. Amar é durar.

Rainer Maria Rilke

— • —

Passamos a amar não quando encontramos uma pessoa perfeita, mas quando aprendemos a ver perfeitamente uma pessoa imperfeita.

San Kenn

— • —

Talvez amar alguém seja o único ponto de partida para tornar nossa a nossa vida.

Alice Koller

— • —

Ser profundamente amado por alguém nos dá força. Amar alguém profundamente nos dá coragem.

Lao-Tsé

A suprema felicidade da vida é a convicção de ser amado por aquilo que você é, ou, mais corretamente, de ser amado apesar daquilo que você é.

Victor Hugo

•

E de te amar assim, muito amiúde, é que um dia, de repente, hei de morrer de amar mais do que pude.

Vinicius de Moraes

•

Não somos amados por sermos bons. Somos bons porque somos amados.

Desmond Tutu

•

O amor é grande e cabe nessa janela sobre o mar. O mar é grande e cabe na cama e no colchão de amar. O amor é grande e cabe no breve espaço de beijar.

Carlos Drummond de Andrade

•

Eu tenho tanto para lhe falar, mas com palavras, não sei dizer, como é grande o meu amor por você.

Roberto Carlos

Amar é sentir um vislumbre do que é o céu.

Karen Sunde

— • —

Amor é um fogo que arde sem se ver,
É ferida que dói, e não se sente;
É um contentamento descontente,
É dor que desatina sem doer.

Luiz Vaz de Camões

— • —

No fundo de cada alma há tesouros escondidos que somente o amor permite descobrir.

Edouard Rod

— • —

Covardes não são homens que choram por amor, mas sim homens que não amam por medo de chorar.

— • —

O que é o inferno? É a dor de ser incapaz de amar.

— • —

O amor é a única loucura do sábio e a única sabedoria do tolo.

— • —

Nascemos por amor, vivemos para amar, e somente o amor eterniza nossas vidas.

A primeira vez que te vi não tive intenção de me apaixonar, foi mera distração. Hoje agradeço ser tão distraído. Sou louco por ti.

— • —

Se toda vez que fechasse os olhos eu ganhasse um beijo seu, fecharia os olhos eternamente.

— • —

Em cada momento, um instante. Em cada instante, uma afirmação. Em cada afirmação, uma certeza de que jamais tirarei você do meu coração.

— • —

Vivo no mundo da lua, pois lá é mais fácil pensar em você.

— • —

Não existe amor à primeira vista. O que existe é a pessoa certa, no momento certo. Você, por acaso, estava lá.

— • —

Se eu tiver de escolher entre você e um sorriso, escolho você, pois sem você nunca mais irei sorrir.

— • —

Ontem éramos três; eu, você e a felicidade. Hoje somos dois; eu e a saudade.

O amor deve ser como água, pura e cristalina; como a terra, forte e bonita; como o ar, livre e solto. O amor é como seus olhos, que me fascinam, como sua boca, que me faz delirar; como tudo o que lhe pertence, pois esse tudo foi tocado por suas mãos delicadas e macias. O amor é, em si, resumido em uma só palavra: você.

— • —

O sorriso é a manifestação dos lábios, quando os olhos encontram o que o coração procura.

— • —

Muitos são os que amam, mas pouquíssimos são os que sabem amar.

— • —

Só passamos a valorizar alguém quando ele está longe. Por isso, confesso que, estando longe assim, passo a perceber o quanto você é importante para mim!

— • —

A pessoa que ama é uma pessoa espontânea. A pessoa que ama não tem necessidade de ser perfeita, mas apenas humana.

— • —

O verdadeiro amor nunca morre; ele apenas dorme para acordar ainda mais belo.

Como posso dizer que o amor é cego se te amei por um olhar?

Espero que nunca se esqueça de se lembrar de mim, pois eu nunca me esquecerei de me lembrar de você!

Há pessoas que passam por nossa vida e levam um pouco de nós na lembrança. Há pessoas que simplesmente ficam, como você!

A felicidade não está nas pessoas, onde muitos procuram, mas sim no coração, onde muitos não a encontram.

A distância separa dois olhares, mas nunca dois corações!

A vida só é vida quando é vivida por duas vidas que vivem uma só vida.

Eu queria ser poeta, mas poeta eu não posso ser, porque poeta pensa muito e eu só penso em você.

Nunca se lembre de mim, pois quando precisar se lembrar é sinal de que já me esqueceu.

— • —

As mais lindas frases de amor são ditas no silêncio de um olhar.

— • —

Amo a liberdade! Por isso, as coisas que amo, deixo-as livres. Se voltarem, foi porque as conquistei. Se não voltarem, foi porque nunca as tive.

— • —

O amor imaturo diz: te amo porque preciso de ti. O amor maduro diz: preciso de ti porque te amo.

— • —

Há momentos na vida em que se deveria calar e deixar que no silêncio falasse o coração, pois no sentimento que a linguagem não expressa estão emoções que as palavras não sabem traduzir.

— • —

Às vezes, perdemos as pessoas que mais amamos por não ter coragem de dizer o que realmente sentimos; então, quando você tiver medo de perder alguém, diga: eu te amo!

— • —

A felicidade de amar é a certeza de que a vida não está passando em vão.

Que tudo na vida brilhe como seus olhos, que seja maravilhoso como seu coração e lindo como você!

— • —

O dia mais importante não é o dia em que conhecemos uma pessoa, mas quando ela passa a existir dentro de nós.

— • —

Um coração feliz é o resultado inevitável de um coração ardente de amor.

— • —

Mesmo que o ouro perca seu valor, mesmo que o sol pare de brilhar, por toda vida minha vida eu vou te amar!

— • —

Se tua vida depender do meu amor, viverás além da vida, pois te amo além do amor.

— • —

Amar não é mais que morrer em si para renascer no outro.

— • —

Se queres saber o quanto eu te amo, multiplica as estrelas do céu pelas gotas do oceano.

Gostaria de poder estar com você todos os dias da minha vida. Parabéns!

Tenho muito orgulho de você! Parabéns e nunca deixe de ser quem você é! Feliz aniversário!

Para a pessoa mais encantadora do mundo, meus parabéns neste dia especial!

A vida é um milhão de novos começos movidos pelo desafio sempre novo de viver e fazer todo sonho brilhar. Feliz aniversário!

Desejo que sua festa de aniversário se torne o acontecimento do ano! Parabéns!

Que sua vida seja sempre uma soma de muitas vitórias. Parabéns!

Ainda que eu viva mil anos, este dia será sempre especial para mim! Parabéns!

Não posso deixar de pensar em você e em todos os aniversários que tive a sorte de estar contigo. Parabéns!

Ser feliz está sempre em nossas mãos. Cada novo dia vem sempre com uma nova mensagem de esperança. Feliz aniversário!

Os nossos melhores dias estão à nossa frente! Feliz aniversário!

Que neste dia todas as alegrias do mundo sejam suas. Parabéns!

Todo dia é uma nova oportunidade que a vida oferece a quem nela crê. Feliz aniversário!

Que sua vida seja repleta de emoções alegrias e conquistas. Feliz aniversário!

Que sua vida seja sempre marcada por bons momentos. Parabéns!

— • —

Que cada dia você seja mais feliz. Parabéns por seu aniversário!

— • —

Desejo muitas felicidades, paz, alegria e muito sucesso. Parabéns!

— • —

O dia em que você nasceu foi um dia abençoado! Que privilégio ser testemunha da sua vida. Parabéns!

— • —

Quem está perto de você deveria se sentir um felizardo, só pelo simples fato de te conhecer! Parabéns!

— • —

Sua amizade é o melhor presente que a vida me deu. Muitos parabéns pelo seu aniversário!

— • —

Um coração que ama será sempre jovem, mesmo que passem muitos anos. Desejo a você um ano cheio de amor e alegrias. Parabéns!

Que essa lembrança sirva para que nunca se esqueça de mim, mesmo quando estivermos longe. Parabéns!

— • —

Que cada bom momento da sua vida se repita e seja melhor. Feliz aniversário!

— • —

Não há presente que possa expressar o quanto você é especial e importante em minha vida. Parabéns!

— • —

Desejo a você um dia inesquecível, junto daqueles que você mais ama. Parabéns!

— • —

Aproveite este dia para desfrutar das coisas boas que fazem você feliz. Feliz aniversário!

— • —

Que a sua vida seja um mar cheio de emoções, alegrias e conquistas. Feliz aniversário!

— • —

A cada ano você fica cada vez mais novo e melhor! Parabéns!

— • —

Que sua vida seja repleta de bons e felizes momentos. Feliz aniversário!

Que além dos aniversários e através do sempre você seja muito feliz. Parabéns!

— • —

Parabéns por esse dia tão especial, muita alegria, paz e harmonia. Que todos os seus desejos se realizem, pois você merece. Feliz aniversário!

— • —

Parabéns pelo seu aniversário. Desejo-lhe agradáveis surpresas e felizes acontecimentos, e que este dia possa lhe trazer muitas aventuras e alegrias!

— • —

O melhor aniversário para a mais especial das pessoas. Nesta data querida de seu aniversário, receba meus parabéns e meu abraço. Feliz aniversário!

— • —

Quando é seu aniversário, meu coração fica muito feliz porque adoro você! Parabéns!

— • —

Como é bom compartilhar momentos especiais com uma pessoa tão amiga como você. Parabéns!

— • —

Que cada instante de sua vida seja um sonho de felicidade e que cada amanhã seja a promessa de esperança renovada. Feliz aniversário!

Aniversário de casamento

Obrigado por escutar meus pensamentos, compreender meus sonhos, conviver com meus defeitos e querer-me bem durante tantos anos. Feliz aniversário de casamento!

— • —

Neste dia de nosso aniversário, devo confessar que, durante nosso relacionamento, me apaixonei muitas e muitas vezes, e sempre pela mesma pessoa: você. Feliz aniversário de casamento!

— • —

Tenho a maior sorte do mundo por compartilhar cada dia de minha vida com você. A cada ano, tenho mais certeza do quanto amo você. Feliz aniversário!

— • —

Que tenhamos muitos anos mais de amor, felicidade e alegria. Parabéns e obrigado por uma vida juntos!

Ser casado com alguém como você é a maior felicidade que alguém pode ter. Feliz aniversário de casamento!

Cada ano que passo com você são como alguns minutos... Gostaria de viver eternamente para sempre respirar ao seu lado e sentir seu coração perto de mim por mais mil séculos. Feliz aniversário!

Desejo que no nosso aniversário eu seja tão presente para você como você é em meu coração a cada instante da vida.

Cada instante com você em minha vida faz com que cada sonho de esperança de ontem tenha se transformado em um hoje de eterna felicidade!

Cada ano que passa mais você me seduz, mais você me atrai. Você é tão eterna quanto sua vontades de viver. Feliz aniversário!

Não posso deixar de pensar em você em cada instante e em todos os aniversários que tive a sorte de desfrutar junto de você. Obrigado por tanto tempo de felicidade juntos!

Obrigado por ser alguém com quem sempre posso falar, pensar, amar e compartilhar minha vida. Feliz aniversário!

•

Seu sorriso é para mim a lembrança do quanto a vida vale a pena ser vivida! Feliz aniversário!

•

Minha vida valeu à pena por ter estado ao seu lado durante todo esse tempo. Te amo!

•

Não há presente que possa superar minha dívida eterna com você: devo a você a felicidade de viver!

•

As mais belas declarações de amor eterno não seriam suficientes para demonstrar sua importância para mim. Parabéns por mais um ano juntos. Te amo!

•

Queria dizer ao mundo, bem alto, o quanto amo você, mas como você é o meu mundo, eu digo baixinho, só para você: te amo! Parabéns pelo nosso aniversário!

•

Em nosso amor, não há mais você e eu, e sim nós. Parabéns por nosso aniversário de casamento. Te amo!

Para sonhar um ano novo que mereça esse nome, você, meu caro, tem de merecê-lo, tem de fazê-lo novo. Eu sei que não é fácil, mas tente, experimente, consciente. É dentro de você que o Ano Novo cochila e espera desde sempre.

Carlos Drummond de Andrade

Nós abriremos o livro. Suas páginas estão em branco. Nós vamos pôr palavras nele. O livro chama-se oportunidade, e seu primeiro capítulo é o dia de ano novo.

Edith Lovejoy Pierce

Alegrias para um ano novo e mais uma chance para acertar.

Oprah Winfrey

O dia do ano novo é o aniversário de todo ser humano, um novo ciclo que começa mais uma vez.

Charles Lamb

O objetivo de um ano novo não é ter um novo ano, mas ter uma nova alma.

Gilbert Keith Chesterton

Nenhum ano será realmente novo se continuarmos a fazer as mesmas coisas que fazíamos nos anos velhos.

De repente, num instante fugaz, os fogos de artifício anunciam que o ano novo está presente e o ano velho ficou para trás.

Se chovesse felicidade, eu lhe desejaria uma tempestade. Feliz ano novo!

Mudam-se os anos, mudam-se os capítulos da nossa vida... mas a beleza dessa história está nos personagens que se mantêm... Feliz ano novo!

Que as realizações alcançadas neste ano sejam apenas sementes plantadas que serão colhidas com maior sucesso no ano que está para chegar.

A verdade é o caminho, o bem é a ação, o belo é o sentimento. Essa é a prática para ser feliz. Use-a e terá um feliz ano novo!

— • —

A cada dia de nossa vida, aprendemos com nossos erros ou com nossas vitórias. O importante é saber que todos os dias vivemos algo novo. Que no novo ano que se inicia possamos viver intensamente cada momento com muita paz e esperança, pois a vida é uma dádiva e cada instante é uma benção de Deus.

— • —

Nosso caminho é feito por nossos próprios passos, mas a beleza da caminhada depende dos que vão conosco! Assim, que nesse novo ano que se inicia, possamos caminhar mais e mais juntos, em busca de um mundo melhor, cheio de paz, saúde, compreensão e muito amor. Feliz ano novo!

— • —

O ano novo só é novo se fizermos coisas novas. Portanto, inove e renove: role na areia, abrace seu cachorro, diga àquela pessoa que gosta dela, perca a timidez, tome banho de chuva, faça bolhas de sabão, ande descalço na grama, fale de boca cheia, sorria mais, curta a vida de um modo diferente. Renove e inove!

Apoio e esperança

A preocupação é como um barco encalhado nas pedras: ele nunca levará a lugar nenhum. É preciso às vezes tomar um atalho, pois o caminho está lá para ser percorrido.

Preocupe-se mais com sua consciência que com sua reputação, pois sua consciência é o que é, e sua reputação é o que os outros pensam de você. E o que os outros pensam é problemas deles, e não seu.

Pessoas negativas não enxergam soluções, só aumentam os problemas. Veja o positivo e você enxergará a solução.

Ser feliz não é ter uma vida perfeita, mas deixar de ser vítima dos problemas e se tornar o autor da própria história.

Retire de sua vida tudo o que lhe dá trabalho e preocupação desnecessária. Renove-se para ter um futuro novo.

—— • ——

Problemas são como as folhas de uma árvore imensa que sempre vão cair, de uma maneira ou de outra, num ciclo sem fim. O que muda é a forma como recolhemos essas folhas ou como tratamos os problemas.

—— • ——

Aceite as coisas como elas realmente são, sem achar que tudo está contra você, porque parte de nós é entendimento, e a outra parte é aprendizado.

—— • ——

Não podemos evitar as crises, mas podemos escolher a melhor maneira de enfrentá-las.

—— • ——

Não se preocupe se não puder dar aos seus filhos o melhor de tudo. Dê a eles o seu melhor.

—— • ——

Problemas são avisos que a vida nos envia para corrigir algo que não anda bem em nossa vida.

—— • ——

Não se lamente pelo ocorrido. Além de não servir de nada reclamar, vai vendar seus olhos dificultando continuar no seu caminho.

Quando você estiver em uma situação muito problemática, sem ter a menor ideia de como resolver, aguarde e seja paciente, pois a solução aparecerá. E isso é um sinal de que Deus tomou seus problemas em suas próprias mãos.

— • —

Evite as preocupações, angústias e os pensamentos sobre o que pode acontecer depois. Viva o presente e confie.

— • —

O que mais causa danos são suas raízes, suas próprias ideias de querer resolver as coisas à sua maneira. A vida tem seus próprios rumos. Acredite.

— • —

Se parecer que as coisas pioraram ou se complicaram apesar da sua oração, não desista: siga confiante, que o tempo há de modificar o presente.

— • —

Não temos em nossas mãos a solução para todos os problemas do mundo, mas para todos os problemas temos nossas mãos.

— • —

Não deixe que a vida passe em branco e que pequenas adversidades sejam a causa de grandes tempestades.

Não acumule fracassos e sim experiências; tire proveito de seus problemas e não se deixe abater por eles, mas aprenda o que eles têm a ensinar.

—— • ——

Todas as noites, esvazie sua mente de preocupações. A sensação de limpeza aumentará sua paz interior.

—— • ——

Em meio a tropeços ou nas horas mais difíceis, lembre-se de que existe uma coisa chamada esperança.

—— • ——

Chega de sofrer pelo que você não conseguiu ter; chega de sofrer por antecipação. Pense em tudo o que você já tem de bom.

—— • ——

É comum sentirmo-nos desencorajados, e até desesperados, quando as coisas vão mal. Mas Deus age em nosso benefício, mesmo nos momentos de dor e sofrimento.

—— • ——

Quando nos irritamos, envenenamos nosso corpo e nossa mente. Procure viver com serenidade. Quando tiver vontade de explodir, conte até dez, respire fundo, e siga tranquilo. Você verá que as coisas se acalmarão, pois você estará calmo.

Somos nós os responsáveis pelas nossas próprias decisões. Cabe a nós decidir se a suposta crise irá ou não afetar nosso rendimento pessoal e profissional.

A indecisão acumula problemas e preocupações. A pessoa indecisa permanece na dúvida, na ansiedade e na angústia. Saiba: a história humana é feita de decisões.

É melhor tentar e falhar que se preocupar e ver a vida passar.

Os problemas são apenas oportunidades vestidas com a roupa do desafio.

Não gaste seu tempo medindo obstáculos ou lastimando ocorrências infelizes. Siga em frente que uma nova paisagem aparecerá no seu caminho.

Não se queixe. Quando você reclama, atrai para si toda a carga negativa de suas próprias palavras.

Nunca tome qualquer decisão com raiva. Ela nos cega e impede que vejamos as coisas como elas realmente são.

O matrimônio é a única união que o tempo fortalece cada vez mais.

Émile-Auguste Chartier

O casamento é como uma longa viagem feita em um pequeno barco a remo: se um passageiro começar a balançar o barco, o outro terá de estabilizá-lo; caso contrário, os dois afundarão juntos.

David Reuben

O casamento é um edifício que deve ser reconstruído todos os dias.

André Malraux

O casamento é um livro cujo primeiro capítulo é escrito em verso, e os demais, em prosa.

Beverly Nichols

—— • ——

Superar os momentos difíceis é sabedoria.
Viver os momentos felizes é uma arte.
Que a felicidade a dois seja um objetivo em comum.
Que a caminhada seja longa e repleta de amor e de compreensão.
Felicidades na nova união!

—— • ——

Desejo um feliz casamento, e que os sonhos que ambos compartilharem se tornem realidade. Unidos para a nova vida, que ela seja só de amor, paz e alegria, para que possam desfrutar da felicidade tão sonhada.

—— • ——

A união de duas pessoas sempre mostra que algo de sublime, perfeito, sensível e eterno ainda existe. Esperamos que vocês sejam muito felizes, superando os inevitáveis momentos ruins e vivendo com intensidade os instantes bons, que serão muitos!

—— • ——

O casamento de vocês deveria comemorar bodas de felicidade, por ter unido duas pessoas tão complementares, amáveis e especiais como vocês. Parabéns pela aliança.

Queridos noivos: no momento em que vocês assumem o compromisso de ser felizes juntos, desejamos que essa felicidade se realize plenamente, e que o passar dos anos só venha a confirmar e reforçar o amor que os une.

— • —

Que a paz e a prosperidade reinem nessa nova etapa da vida de vocês. Que a paciência, a tolerância e a solidariedade sejam os ingredientes básicos do seu dia a dia, e que o exemplo desse seu convívio seja a melhor tradução da alegria, da felicidade e do amor. Recebam meus votos mais sinceros pelo seu casamento.

— • —

Nesse dia tão especial, bonito e alegre de sua união, desejo tudo de mais excelente em suas vidas, muito sucesso, e que esse casamento dure pela eternidade.

— • —

De hoje para sempre, sejam vocês abençoados, com alegria infinita, para uma vida feliz de casados.

Que a felicidade que vocês sempre demonstraram individualmente tenha continuidade na nova vida em comum, e que em seu lar reine sempre amor, alegria e ternura.

O sentido da vida está intimamente relacionado à concretização do amor de vocês. Felicidades no casamento.

— • —

Ao querido casal,

Desejo um feliz casamento, e que os sonhos que ambos compartilharem se tornem realidade. Unidos para a nova vida, seja ela só de amor, paz e alegria, para que possam desfrutar da felicidade tão sonhada.

— • —

Esperamos que vocês continuem unidos, companheiros e, acima de tudo, felizes. Parabéns e felicidades.

— • —

Que a felicidade do dia de hoje perdure pela eternidade. Parabéns pelo casamento!

— • —

Que a alegria deste dia de festa permaneça no coração de vocês durante todos os anos dessa feliz união.

— • —

Que esse amor que os uniu se multiplique a cada dia dessa nova vida que irão começar.

Dia das mães

O coração das mães é um abismo no fundo do qual se encontra sempre um perdão.

Honoré de Balzac

Mães cuidadosas sempre têm consciência de que são o primeiro livro lido e o último posto de lado na biblioteca dos filhos.

Charles Lenox Remond

Um amor mais forte que tudo, mais obstinado que tudo, mais duradouro que tudo, é somente o amor de mãe.

Paul Raynal

Os filhos são para as mães as âncoras da sua vida.

Sófocles

Somos todas mães adotivas, sejam elas geradoras ou postiças... A verdade é que a mãe biológica dos nossos filhos é a vida.

Paloma Muniz

Antes de sermos pais e mães, somos seres humanos, passíveis de falhas e erros. Então, a única coisa que podemos aconselhar aos nossos filhos, pela experiência já vivenciada, é como não repetir os nossos erros.

Claudia Belucci

A mão que move o berço é a mão que comanda o mundo.

W.S. Ross

Minha mãe foi a mulher mais bela que já conheci. Tudo o que sou devo à minha mãe. Atribuo todos meus sucessos nesta vida ao ensino moral, intelectual e físico que recebi dela.

George Washington.

O amor de mãe é o combustível que permite a um ser humano fazer o impossível.

Marion C. Garretty.

— • —

O amor de uma mãe não conhece o impossível.

Paddock

— • —

O berço em que, adormecendo,
repousa um recém-nascido,
sob o cortinado do véu,
parece que representa,
para a mamãe que o acalenta,
um pedacinho do céu.

Olavo Bilac

— • —

Amar ao pequeno até que cresça, ao enfermo até que se cure, ao ausente até que volte: só uma mãe pode amar assim.

Al-Asbahani

— • —

Entre todas as mulheres, só há uma verdadeira: nossa mãe.

M. Barre's

O mais sublime quanto ao sentimento materno é ser integralmente mãe de filho de ventre alheio.

M. Serrao

— • —

Somente uma coisa no mundo é melhor e mais belo que a mulher: a mulher que é mãe.

E. Schefer

— • —

Mães: são o milagre dos milagres, o grande e inescrutável mistério de Deus.

Carlye

— • —

Se há um pouco de feminino em todo homem, isso é porque ele sente necessidade de conservar sua mãe junto de si até o fim.

Quintiliano

— • —

Que felicidade quando sua mãe lhe diz que tem orgulho de você! Não importa se você é jovem ou velho, a aprovação dela sempre conta em dobro.

Ursula K. Leguin

São as pequenas coisas que nos desafiam mais; somos capazes de iludir uma mulher, mas não sabemos enganar uma mãe.

Josh Billings

Nas horas difíceis, aparecem as mães, as mães que agem sobre nós a nos ajudar.

Rainer Maria Rilke

Mãe... são três letras apenas.
As desse nome bendito:
também o céu tem três letras.
E nelas cabe o infinito.
Para louvar nossa mãe,
todo o bem que se disser
Nunca há de ser tão grande
Como o bem que ela nos quer.
Palavra tão pequenina,
bem sabem os lábios meus
que és do tamanho do céu
e apenas menor que Deus!

Mário Quintana

Optar por um filho é decidir em dado momento ter seu coração fora do corpo para sempre.

Elizabeth Stone

Mesmo que esteja muito ocupado, você deve sempre arranjar tempo para fazer alguém se sentir importante. As mães fazem isso.

Dr. Rene Spitz

Mesmo que com a idade a imagem materna se desfoque nos olhos do filho, ela permanece indelével em seu coração.

Henry W. Beecher

No momento em que uma criança nasce, a mãe também nasce. Ela nunca existiu antes. A mulher existia, mas a mãe nunca. Uma mãe é algo absolutamente novo.

Osho

Quando você é mãe, nunca está realmente sozinha em seus pensamentos. Uma mãe sempre tem de pensar duas vezes, uma por ela e outra por seu filho.

Sophia Loren

O amor da mãe por seu filho é diferente de qualquer outra coisa no mundo. Ele não obedece lei ou piedade; ele ousa todas as coisas e extermina, sem remorso, tudo o que ficar em seu caminho.

Agatha Christie

O coração de uma mãe é um abismo profundo em cujo fundo você sempre encontra perdão.

Honoré de Balzac

Um pai pode negligenciar seu filho, irmãos e irmãs podem se tornar inimigos inveterados; maridos podem abandonar suas esposas, e esposas, os seus maridos. Mas o amor de uma mãe resiste a tudo.

Washington Irving

Uma mãe não abandona jamais. Não há desgosto capaz de afastá-la da sua cria. Que força. Que poder. Que coragem!

Álvaro Raymundo

A mulher que é mãe desperta em nós o respeito pelas outras mulheres.

Pe. Luiz Carlos

A mãe compreende até o que os filhos não dizem.

Uma mãe não é uma pessoa em que se possa apoiar, mas uma pessoa que faz com que não se precise apoiar-se em ninguém.

De todos os direitos de uma mulher, o maior é ser mãe.

— • —

Nenhuma língua é capaz de expressar a beleza e a força de uma mãe.

— • —

Às vezes, as palavras se perdem na expressão da palavra mãe. Nenhum dicionário definirá a magia de seu significado e, em todos os idiomas, traduz o mesmo sentimento: ser mãe.

— • —

Você é livre. Você é a supermãe. Você é a supermulher. Você é invencível.

— • —

O trabalho de um homem é de sol a sol, mas o trabalho de uma mãe nunca termina.

— • —

Deus não poderia estar em todos os lugares. Por isso, Ele criou as mães.

— • —

Seus braços sempre se abrem quando preciso de um abraço. Seu coração sabe compreender quando preciso de uma amiga. Seus olhos sensíveis se endurecem quando preciso de uma lição. Sua força e seu amor me dirigiram pela vida e me deram as asas que eu precisava para voar.

Ser mãe é descobrir que sua vida tem menos valor depois que chega o bebê; que se deseja sacrificar a vida para poupar a do filho, mas, ao mesmo tempo, deseja viver mais, não para realizar seus sonhos, mas para ver a criança realizar os dela.

Ser mãe é aguardar o momento de ser avó, para renovar as etapas da emoção, numa dimensão diferente de doçura e entendimento.

Ser mãe é se deslumbrar ao ver o filho se revelando em suas características únicas; é observar suas descobertas, sentir sua mãozinha procurando a proteção da sua, o corpinho se aconchegando debaixo dos cobertores.

Mãe, que a beleza das flores, a doçura do mel, o brilho das estrelas envolvam você hoje e que você continue irradiando este amor e esta alegria que você sempre nos ofereceu!

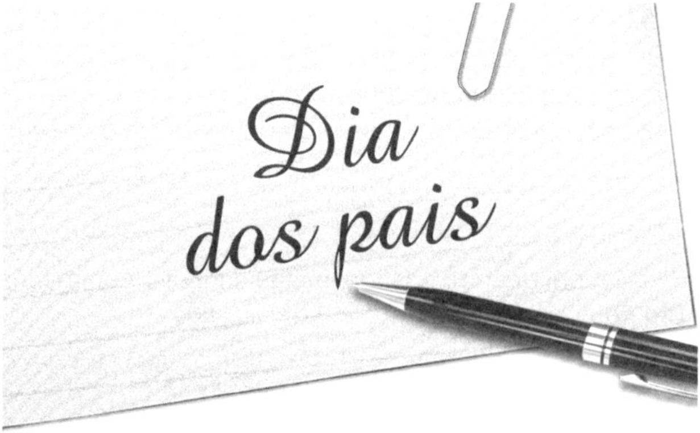

'Não há maior alegria para o coração de um pai que a certeza da felicidade de um filho.,

Júlio Dantas

Quando um homem se dá conta de que seu pai talvez tivesse razão, normalmente tem um filho que crê que ele está errado.

Charles Wadsworth

Que riqueza não é, até entre os pobres, ser filho de um bom pai?

Juan Luís Vives

Não me cabe conceber nenhuma necessidade tão importante durante a infância de uma pessoa que a necessidade de sentir-se protegido por um pai.

Sigmund Freud

Um pai quando castiga, minha senhora, é sempre pai.

Jean Racine

Um pai vale mais que uma centena de mestres da escola.

George Herbert

Vivi uma vida repleta de problemas, mas não são nada comparado aos problemas que teve de enfrentar meu pai para conseguir que minha vida começasse.

Bartrand Hubbard

É um homem sábio o que conhece seu próprio filho.

William Shakespeare

Não importa quem foi meu pai. O importante é a recordação que guardo dele.

Anne Sexton

Às vezes, o homem mais pobre é o que deixa aos seus filhos a herança mais rica.

Ruth E. Renkel

Para compreender os pais é preciso ter filhos.

Sófocles

O pai é o maior herói de qualquer filho.

Tiago Augusto Mindinho

Pai, nessa data tão especial, gostaria de aproveitar e agradecer por tudo o que você me fez e faz até hoje. Você é essencial! Parabéns pelo seu dia.

Quando nasci, meu pai era um ser que às vezes aparecia para aplaudir minhas últimas conquistas. Quando me ia fazendo maior, era uma figura que me ensinava a diferença entre o mal e o bem. Durante minha adolescência, era a autoridade que punha limites a meus desejos. Agora que sou adulto, é o melhor conselheiro e amigo que tenho.

Papai, eu sei que sempre posso contar com você, com seu amor e sua sabedoria. E o Dia dos Pais é o momento perfeito para dizer muito obrigado por tudo o que você fez.

— • —

Ser pai é sorrir, chorar, sofrer, gargalhar. Ser filho é agradecer todos os dias a oportunidade de ter um pai como você.

— • —

Papai, louvo a Deus todos os dias por ser seu filho. Por que você é para mim um exemplo! Que coisa maravilhosa é poder contar com você e estar ao seu lado nos dias tristes e também nos mais felizes de minha vida. Desejo a você hoje um feliz Dia dos Pais!

— • —

Pai, obrigado por estar presente em todos os momentos da minha vida. Amo você! Parabéns pelo seu dia!

— • —

Um pai tem a sabedoria de um mestre e a sinceridade de um amigo. Feliz Dia dos Pais!

— • —

Pai, você sempre será meu super-herói preferido! Parabéns pelo seu dia!

Pai, não deveria esperar um dia para te dizer o óbvio: Eu te amo! Feliz Dia dos Pais,

— • —

Pai: a certeza de um amigo eterno. Parabéns pelo seu dia!

— • —

Pai, esse presente não é nada perto do amor que sinto por você. Feliz Dia dos Pais!

— • —

Obrigado por compartilhar comigo os melhores momentos da minha vida e me acompanhar pelos caminhos que eu desejo trilhar, dando segurança e conforto. Você é o melhor pai do mundo!

— • —

Pai nosso agradecimento por tua presença amiga e acolhedora em todos os dias da nossa vida. Amamos você!

— • —

Pais são homens comuns,
que o amor transforma em super-heróis.
São capazes de fazer qualquer coisa.
Existe uma magia em ser pai.
Depois que um homem torna-se pai,
Nunca mais fica comum, mas sim especial.

Professor, uma profissão! Educador, a mais nobre de todas as missões!

Antonio Gomes Lacerda

O que o professor faz é tão divino que não carece de inteligência, e sim do dom de aperfeiçoar seus alunos.

Erasmo Shallkytton

Professor... Penhor de Fé... Alma em chamas aquecida pela esperança no amanhã!

Céu Arder

Professor é aquele que dá capacidade ao aluno usando um veículo chamado amor.

Elaini Gonçalves Bagatoli

A maior glória de um professor é sentir que seus alunos tornaram-se grandes homens.

Erasmo Shallkytton

O aluno compara-se ao professor, assim como o filho compara-se ao pai.

Renato Alexandre dos Santos Freitas

Com um pé no chão e o outro nas estrelas, o professor pode levar seus alunos a todos os lugares.

José Ribamar Muniz Feitosa

Feliz aquele que transfere o que sabe e aprende o que ensina.

Cora Coralina

Professor: sua tarefa é cuidar que o aluno aprenda. Sua glória é o aluno que sabe pensar.

Pedro Demo

O professor se liga à eternidade. Ele nunca sabe quando cessa sua influência.

Henry Adams

— • —

'Àquele que me ensinou muito mais que teorias, que me preparou também para vida, todo o meu carinho e gratidão.'

— • —

Obrigado professor, por fazer do aprendizado não um trabalho, mas um contentamento. Por fazer com que eu me sentisse uma pessoa de valor; por me ajudar a descobrir o que fazer de melhor e, assim, fazê-lo cada vez melhor. Obrigado por afastar o medo das coisas que eu pudesse não compreender e me levar a compreendê-las; por resolver o que eu achava complicado; por ser uma pessoa digna de minha total confiança e a quem posso recorrer quando a vida se mostrar difícil. Obrigado por me convencer de que eu era melhor do que suspeitava.

— • —

Essa é a oportunidade ideal para agradecer por tudo aquilo que você faz por mim, por tudo o que me ensina em aula e, também por tudo de bom que sua postura séria, honesta e ética sugere a mim e a todos os meus colegas de classe.

Acredito que sua vida seja bastante complicada, com tantas coisas a ensinar, com tantas provas a corrigir, com toda a preocupação em saber se seus ensinamentos foram assimilados. Creio que sejam poucas as profissões que exijam tanto de alguém como o magistério, pois sua tarefa não termina quando o sinal sonoro indica o fim da aula, e isso torna sua função um verdadeiro sacerdócio. Obrigado!

— • —

A gente ouve dizer que a vida do professor é muito sacrificada: muito trabalho, muito estresse, pouco respeito e pouco dinheiro. No entanto, quero que esta carta toque seu coração e sua mente como uma luz no fim do túnel, como uma renovação dessa sua esperança latente de que, um dia, finalmente, o mundo saberá reconhecer o valor das suas palavras, da sua abnegada dedicação, do seu árduo, nobre e sagrado trabalho. Com admiração e gratidão.

— • —

Professor: você me ajudou a conhecer as primeiras letras, ouviu minhas primeiras leituras, leu minhas primeiras frases, sempre me incentivou nos acertos e me disse para não desistir quando errava. Despertou tantos sonhos, me fez conhecer lugares, personagens. Me fez gostar de escrever textos, versos, fantasia e realidade. Você assumiu muitas vezes o papel de mãe, pai, irmã, amigo, enfermeiro, psicólogo, etc. Quero dizer muito obrigado, pois você foi muito importante em minha vida!

Avós guardam no olhar e na pele as marcas de toda uma vida. Guardam em si uma infinidade de conhecimentos que nos transmitem. É com eles que aprendemos a lidar com as feridas de uma forma admirável. Dão-se intensamente em cada dia. Devolver-lhes o amor é o mínimo que podemos fazer. Tanto para dizer que faltam as palavras...

Blue Shell

O amor perfeito às vezes não vem até que chegue o primeiro neto.

Provérbio galês

Ninguém faz pelos netos, o que fazem os avós: eles salpicam uma espécie de pó de estrelas sobre as suas vidas.

Alex Haley

A você, minha querida vovó, que Deus a abençoe cada dia mais. Que nos dê a bênção de sempre tê-la conosco, nos dando muito amor, nos passando experiências, nos ouvindo com carinho, com mimos, nos orientando, nos aconselhando, nos suportando sempre com muita paciência. Parabéns pelo seu dia.

—•—

Vovó, você é duas vezes mãe, duas vezes carinho, duas vezes amor, duas vezes compreensão. O que mamãe fez por mim, você fez por ela também, por tudo o que você é, exemplo de paz, de amor e de afeto. Te amo vovó, parabéns pelo seu dia!!

—•—

A você vovó, que nos cerca de muito carinho, de muito amor, que nos faz todas as vontades, que nos dá tudo sem nada pedir, que nos ama mais que a si própria, você é, para nós, seus netos, um grande exemplo de experiência, de trabalho, de honestidade, de paciência, de fé, de firmeza, e principalmente de muito amor. Amamos você vovó!

—•—

As avós são mães com um monte de cobertura doce.

—•—

'Os avós seguram nossas mãozinhas por um instante, mas nossos corações para sempre.,

Desculpa-me se hoje já não lhe faço feliz como no primeiro momento em que veio a mim.

Desculpa-me pelas horas tristes e ruins que fiz você passar.

Nunca quis deixar você para baixo. Por favor, aceite minhas desculpas, que são a prova de que não era a minha intenção.

Eu sei que errei, mas estou muito arrependido. Com essas desculpas, peço mais uma chance.

Perdão se o magoei com palavras que você não merece.

Peço desculpas do fundo do meu coração. Espero que você possa voltar atrás e reconsiderar do ponto em que nossa alegria parou.

— • —

Sofro por um perdão, que parece impossível. Será que sou digno dele?

— • —

Desculpa se meu coração me enganou e eu o machuquei. Não foi paixão e nem amor, somente amizade que guardo aqui dentro do coração.

— • —

Desculpa se o sufoquei. Se fiz isso, foi por medo de perder você.

— • —

Não parei para ouvir você e me deixei levar pelo momento. Estou arrependido e quero muito uma chance, e só posso pedir perdão.

— • —

Queria pedir desculpas e voltar no tempo para consertar as bobagens que fiz.

— • —

Peço perdão por minha confusão. Nunca quis magoá-lo. Desculpa por todo o desconforto que causei.

Muitas vezes, dizemos coisas sem pensar, que doem nas pessoas, mas quero que você se lembre que sou humano, e por isso erro. Me perdoa?

Seria inútil lhe pedir perdão. Sei que você está muito zangado comigo, mas a única coisa que peço é uma chance para mostrar como eu mudei.

Minha grande amiga, você me conhece como ninguém, sabe como sou impulsiva, falo o que vem na cabeça, sem medir palavras. Venho pedir desculpas. Não deixe que nossas pequenas diferenças ofusquem os grandes momentos que passamos juntas.

Muitas vezes, dizemos coisas, ou até mesmo fazemos algo que dói nas pessoas. Sei que fiz algo que o magoou muito, mas quero que entenda que somos humanos e erramos, pois temos defeitos e qualidades. Quero pedir que compreenda meu erro, e reconsidere, pois tenho muitos sentimentos de carinho por você.

Errar é humano. Reconhecer o erro e tentar melhorar é o primeiro passo para que ele não se repita.

A verdadeira felicidade está na própria casa, entre as alegrias da família.

Léon Tolstoi

Paz e harmonia: eis a verdadeira riqueza de uma família.

Benjamim Franklin

Observa o teu culto a família e cumpre teus deveres para com teu pai, tua mãe e todos os teus parentes. Educa as crianças e não precisarás castigar os homens.

Pitágoras

Apenas em torno de uma mulher que ama se pode formar uma família.

Friedrich Schlegel

— • —

Toda a doutrina social que visa destruir a família é má e inaplicável. Quando se decompõe uma sociedade, o que se acha como resíduo final não é o indivíduo, mas sim a família.

Victor Hugo

— • —

O que é uma família senão o mais admirável dos governos?

Henri Lacordaire

— • —

A verdadeira família é aquela unida pelo espírito e não pelo sangue.

Luiz Gasparetto

— • —

As famílias felizes parecem-se todas; as famílias infelizes são infelizes cada uma à sua maneira.

Léon Tolstoi

— • —

Se você passar por uma guerra no trabalho, mas tiver paz quando chegar em casa, será um ser humano feliz. Mas, se você tiver alegria fora de casa e viver uma guerra na sua família, a infelicidade será sua amiga.

Augusto Cury

Você pode dizer adeus à sua família e aos seus amigos e afastar-se milhas e milhas e, ao mesmo tempo, carregá-los em seu coração e em sua mente, pois você não apenas vive no mundo, mas o mundo vive em você.

Frederick Buechner

Amor de família é a coisa mais inexplicável do mundo, nem um pai consegue dizer para um filho o quanto o ama, nem o filho sabe dizer ao pai; então, eles simplesmente demonstram.

Pasini

A família é muito maior do que se imagina. Ela representa o passado, o presente e também o futuro.

Luiz Antônio Alves

Melhor do que todos os presentes nas datas festivas é a presença de uma família feliz.

Que a alegria da formatura hoje fique para sempre em você, para que a felicidade também contagie aqueles que da sua profissão se beneficiarem.

— • —

A maior das vitórias é quando podemos compartilhar a maior conquista. As conquistas mais importantes são aquelas que semeamos e colhemos juntos.

— • —

O que você alcançou hoje é uma pequena parte do que você ainda pode conquistar com o seu talento. Parabéns!

— • —

O talento, a força de vontade e a persistência trouxeram você até aqui. Parabéns! Esperamos que essa vitória seja o início de muitas outras conquistas.

Sua conquista vai impulsionar outras buscas e abrir novos horizontes, sempre apontando para um futuro muito luminoso. Parabéns e muito sucesso!

— • —

Pessoas grandes são aquelas que lutam por ideais, e hoje, nessa formatura, você prova ser uma dessas pessoas. Parabéns pela formatura!

— • —

Sucesso é daqueles que batalham, e, com toda certeza, você é um dos merecedores desse sucesso. Parabéns pela formatura!

— • —

Por ter certeza de que esse dia chagaria, você se esforçou e buscou a cada momento seu sonho. Merecidamente venceu e por isso hoje os aplausos são todos para você! Parabéns formando!

— • —

Esperamos que essa vitória seja o início de muitas outras conquistas, e o primeiro passo em uma carreira de sucesso e alegrias. Parabéns!

— • —

Que este ciclo que se encerra hoje seja o início de um novo ciclo de grandes realizações, sucesso e êxito na brilhante carreira que você tem pela frente.

O sucesso nunca é garantido, mas o fracasso nunca é definitivo.

Robert Schuller

A corrida para a excelência não tem linha de chegada.

David Rye

Sucesso é a soma de pequenos esforços repetidos o tempo todo.

Robert Collier

O sucesso geralmente vem para aqueles que estão muito ocupados para estarem procurando por ele.

Henry David Thoreau

A chave do sucesso não é muito útil até que se descubra a fechadura certa para inseri-la.

Tehyi Hsieh

Viva cada dia como se a vida estivesse começando.

Johann Goethe

Acredito que o objetivo de nossa vida seja a busca da felicidade. Isso está claro. Quer se acredite em religião ou não, quer se acredite nessa doutrina ou naquela, todos nós buscamos algo melhor na vida. Portanto, acho que a motivação da nossa vida é a felicidade.

Tenzin Gyatso

Perseverança é o trabalho duro que você faz depois de ter se cansado de fazer o trabalho duro que você já fez.

Newt Gingrich

A vida é um longo caminho que começamos a trilhar desde o primeiro dia, no começo engatinhando, depois caminhando passo a passo até conquistarmos a confiança necessária para correr. Sim, correr, pois o caminho é longo e o sucesso não espera.

Luis Alves

O sucesso é a soma de pequenos esforços repetidos dia sim, e no outro dia também.

Robert Collier

Vencer é, apesar de tudo o que possa acontecer, acreditar nas pessoas e saber que, por detrás de cada ato humano, por mais difícil que alguém possa parecer, há sempre uma intenção positiva. Vencer é ter a esperança sempre renovada, lembrando que o sol nasce todos os dias e para todos. Vencer é ter um sentimento profundo de fé, força e perseverança, mesmo em momentos difíceis.

Flavio Souza

Tartarugas conhecem as estradas melhor que os coelhos.

Kahlil Gibran

Tentar e falhar é, pelo menos, aprender. Não chegar a tentar é sofrer a inestimável perda do que poderia ter sido.

Albino Teixeira

Uma longa jornada começa com um único passo.

Lao Tsé

A esperança é cheia de confiança. É algo maravilhoso e belo, uma lâmpada iluminada em nosso coração. É o motor da vida. É uma luz na direção do futuro.

Conrad de Meester

— • —

'Sorte é o que acontece quando a preparação encontra a oportunidade.'

Elmer Letterman

— • —

É impossível avaliar a força que possuímos sem medir o tamanho do obstáculo que podemos vencer, nem o valor de uma ação sem sabermos o sacrifício que ela comporta.

H. W. Beecher

— • —

Levante-se! Tenha coragem e mãos à obra! Use tudo o que você possui para adquirir entendimento.

Esdras

— • —

Superar o fácil não tem mérito, é obrigação; vencer o difícil é glorificante; ultrapassar o que até então era impossível é esplendoroso.

Alexandre Fonteles

Deve-se utilizar a força do oponente a nosso favor.

Sun Tzu

— • —

As pessoas que alcançam seu potencial pensam em aperfeiçoamento.

John Maxwell

— • —

Se quiseres ser feliz amanhã, tenta hoje mesmo.

Liang Tzu

— • —

A alegria está na luta, na tentativa, no sofrimento envolvido, e não na vitória propriamente dita.

Mahatma Gandhi

— • —

Faça de tudo uma vez... E o que mais gostar, faça duas, três...

Tom Wilson

— • —

A vitória pertence ao mais perseverante.

Napoleão Bonaparte

— • —

Fazemos nossos caminhos e os chamamos de destino.

Benjamin Disraeli

A esperança não é um sonho, mas uma maneira de traduzir os sonhos em realidade.

Cardeal Suenens

Somente aqueles que aprendem a ver mais longe enxergam as melhores oportunidades.

Luis Alves

Grandes realizações não são feitas por impulso, mas por uma soma de pequenos feitos.

Vincent Van Gogh

Quem luta não perde tudo. Perde quem fica de braços cruzados. Quem luta deixa, pelo menos, exemplo a ser seguido.

Félix de Athayde

É triste falhar na vida; porém, mais triste ainda, é não tentar vencer.

Franklin Delano Roosevelt

Nunca é tão fácil perder-se como quando se julga conhecer o caminho.

Provérbio chinês

Uma vida não vivida é como uma ponte nunca atravessada.

Próverbio chinês

—•—

Sem o fogo do entusiasmo não há o calor da vitória.

Próverbio chinês

—•—

A persistência realiza o impossível.

Próverbio chinês

—•—

O ocioso nunca provará do fruto do sucesso.

Próverbio chinês

—•—

Os desafios podem ser degraus ou obstáculos. É só uma questão de como os enfrentes.

Próverbio chinês

—•—

Se você tiver de parar um pouco, fique sentado, mas sempre olhando para a frente, nunca para o caminho já percorrido.

Provérbio chinês

Sorria. O sorriso ajuda-nos a descobrir motivos de alegria em volta de nós. Nossa alegria contagia os outros e a vida fica melhor.

— • —

Existe somente um momento para ser feliz. Esse momento é o presente, e tem duração do instante que passa.

— • —

Nunca deixe que nenhum limite tire de você a ambição da autossuperação.

— • —

Só uma coisa torna um sonho impossível: o medo de fracassar.

— • —

Não deixe para amanhã o que pode fazer hoje. O tempo perdido é inexorável. A vida também é viver bem o tempo.

— • —

Por vezes, perdemos algo que, se não fosse o medo de tentar, poderíamos ter conseguido.

— • —

As dificuldades são como as montanhas: elas diminuem quando avançamos sobre elas.

Não existem tempestades que durem para sempre.

— • —

Cada dificuldade encerra uma vantagem; cada problema oculta uma solução.

— • —

Jamais se desespere em meio às mais sombrias dificuldades, pois das nuvens mais negras cai água límpida e fecunda.

— • —

Algumas vezes, o esforço é justamente o que precisamos em nossas vidas. Se Deus nos permitisse passar pela vida sem obstáculos, preocupações e dores, certamente não seríamos fortes.

— • —

Enquanto você se achar fraco e pequeno, o problema se mostrará resistente e insolúvel; mas se você reverter a situação, aparecerá a solução e sua vitória.

— • —

Não se assuste com os abismos e nem com as curvas que não deixam ver os caminhos que estão por vir. Fique atento!

Comemore cada dia com alegria, e as dificuldades serão vencidas com paciência.

— • —

Quando você comete algum erro, por pior que seja, você sempre aprende algo de bom.

— • —

O homem que decide parar até as coisas melhorarem verificará que aquele que não parou e colaborou com o tempo está tão à frente que jamais poderá ser alcançado.

— • —

Não importa o tamanho da montanha, ela não pode tapar o Sol.

— • —

Orgulhe-se das pequenas coisas que você tem; faça com que elas pareçam grandiosas aos olhos de terceiros.

— • —

Heróis são pessoas que fizeram o que era necessário fazer enfrentando as consequências.

— • —

Não seja empurrado por seus problemas, e sim conduzido por seus sonhos.

Uma pessoa de sucesso é um sonhador em quem alguém acreditou.

— • —

O êxito consiste em alcançar o que se deseja; a felicidade em desejar o que se alcança.

— • —

O insucesso é apenas uma oportunidade para recomeçar com mais inteligência.

— • —

Se seus sonhos estiverem nas nuvens, não se preocupe, pois eles estão no lugar certo. Construa uma escada e suba até alcançá-los.

— • —

Algumas pessoas sonham com o sucesso, enquanto outras se levantam e trabalham duro para isso.

— • —

Se existe o fracasso é porque existe o sucesso. Lembre-se: depois de uma noite escura, um novo dia vai brilhar.

— • —

O maravilhoso do sonho é nossa capacidade de torná-lo realidade.

Se você tiver sempre na sua mente o objetivo de suas aspirações, seus sonhos se realizarão.

— • —

Não coloque limites em si mesmo, pois muitos sonhos estão esperando para ser realizados.

— • —

O sucesso de sua vida não depende de quanta força você põe em uma tentativa, mas na persistência no que faz.

— • —

Somente com dedicação, responsabilidade e confiança em si mesmo alcançaremos com sucesso nossos objetivos.

— • —

O rio atinge seus objetivos porque aprendeu a contornar obstáculos.

— • —

Gaste mais horas realizando que sonhando, fazendo que planejando, vivendo que esperando.

— • —

Ter um objetivo é algo que inspira uma ação concreta; cria um movimento, um foco a ser atingido.

Frequentemente, deixamos de reconhecer oportunidades para o nosso crescimento, porque preferimos ficar prisioneiros das circunstâncias que estão além do nosso controle.

— • —

A gota não cava a pedra pela força, mas por quedas constantes.

— • —

Não é o sucesso que traz o entusiasmo, é o entusiasmo que traz o sucesso.

— • —

Esperança é o sentimento que você terá com o sucesso de amanhã, naquilo que fracassou hoje.

— • —

O medo nos afasta das derrotas, mas das vitórias também.

— • —

Só erra quem produz, mas só produz quem não tem medo de errar.

— • —

Nunca deixe que o medo fique a frente dos seus sonhos.

Não tenha medo do futuro, apenas lute e se esforce ao máximo para que ele seja do jeito que você sempre sonhou.

— • —

A verdadeira coragem vem da convicção que se tem para suportar as consequências de nossas atitudes sem se vangloriar ou se queixar.

— • —

Ter coragem de confessar um erro é errar uma vez menos.

— • —

Existe apenas uma coisa que torna nossos sonhos impossíveis: o medo de fracassar.

— • —

Tenha coragem para vencer seus próprios vícios, trilhando um caminho reto e firme em busca de um ideal.

— • —

É quando caminhamos com medo que estamos mais sujeitos a tropeçar.

— • —

Evitar a felicidade com medo de que ela acabe é o melhor meio de ser infeliz.

Todos nós enfrentamos lutas, mas somente quem sabe suportá-las poderá se considerar um herói, pois o corajoso não foge da batalha da vida.

— • —

Coragem é dar um passo em direção a uma dificuldade sem uma solução em mente, mas sabendo que a vitória está adiante.

— • —

Coragem é ter humildade suficiente para enfrentar os obstáculos que você não consegue superar.

— • —

Continuar com os mesmos comportamentos trará sempre os mesmos resultados; tenha coragem para buscar algo novo em sua vida.

— • —

Seja grande demais para se preocupar, nobre demais para se irritar, forte demais para ter medo e feliz demais para sofrer com os problemas.

— • —

A cada instante, somos convidados a tomar decisões que definirão o caminhar de nossas vidas.

— • —

A única forma de tentar de novo é colocando muita coragem em nossa cabeça e em nosso coração.

Namorar é fazer pactos com a felicidade ainda que rápida, escondida, fugida ou impossível de durar.

Carlos Drummond de Andrade

Fica-se apaixonado quando se dá conta de que a outra pessoa é única.

Jorge Luis Borges

O amor é a única paixão que não admite nem passado nem futuro.

Honoré de Balzac

Amo como ama o amor. Não conheço nenhuma outra razão para amar senão amar. Que queres que te diga, além de que te amo, se o que quero dizer-te é que te amo?

Fernando Pessoa

E a emoção do nosso amor
Não dá pra ser contida
A força desse amor
Não dá para ser medida
Amar como eu te amo
Só uma vez na vida.

Roberto Carlos

— • —

O verdadeiro amor nunca se desgasta. Quanto mais se dá mais se tem.

Antoine de Saint-Exupéry

— • —

Há sempre alguma loucura no amor. Mas há sempre um pouco de razão na loucura.

Friedrich Nietzsche

— • —

O amor não se vê com os olhos, mas com o coração.

William Shakespeare

— • —

Aquilo que provamos quando estamos apaixonados talvez seja o nosso estado normal. O amor mostra ao homem como é que ele deveria ser sempre.

Anton Tchekhov

Quando fala o amor, a voz de todos os deuses deixa o céu embriagado de harmonia.

William Shakespeare

— • —

Atravessarei até os maiores mares, mas não existirá água suficiente que afogue o amor que sinto por você.

— • —

Toda vez que o vento soprar em seu ouvido não será apenas o vento, mas eu dizendo que te amo.

— • —

Meu coração é seu, e nada vai impedir que eu te ame cada vez mais!

— • —

Você é a página mais linda que o destino escreveu na minha vida.

— • —

Se amar você é loucura, sou um louco sem cura.

— • —

A felicidade é só um caminho em que posso te encontrar para sorrir e para te amar e juntar nosso destino.

— • —

A vida só tem sentido se vivida intensamente, e nada é mais intenso que meu amor por você.

Você é o único passado no meu presente que eu quero no futuro.

— • —

Mesmo que as palavras sejam esquecidas, que a presença não seja constante, e que os caminhos sejam diferentes, pode ter certeza te amarei para sempre.

— • —

O amor é a luz que ilumina a escuridão, que aquece a alma e acalma o coração.

— • —

Só deixarei de gostar de você quando um pintor conseguir pintar o barulho de uma lágrima caindo.

— • —

Por mais breve que seja o momento ao seu lado, ele se tornará eterno pelo simples fato de um dia ter existido.

— • —

Não quero ser na sua vida começo de um fim, nem ser na sua vida o fim de um começo, mas quero ser na sua vida o início de um começo sem fim.

— • —

Pergunta por que te amo, é difícil responder; nem tudo o que o coração sente, a boca consegue dizer.

Um nascimento representa o princípio de tudo; é o milagre do presente e a esperança do futuro. Felicidades pelo nascimento de seu bebê!

Hoje as flores têm uma cor especial, os pássaros cantam mais, o sol brilha com uma nova força e essa noite as estrelas sorrirão pelo nascimento de seu bebê. Felicidades!

Os bebês nascem com olhos dispostos a ver todo o precioso, abraçar todo o alegre e querer sem condições com todo o seu coração.

O milagre de um nascimento é um tesouro único para uma mãe. Felicidades!

Um bebê recém-nascido preenche um espaço que sua mãe não desconfiava que existia em seu coração.

— • —

O nascimento de um bebê é a forma como a mãe natureza nos concede outra oportunidade na Terra.

— • —

Cada bebê traz consigo uma nova bênção ao mundo. Felicidades!

— • —

Cada bebê é um milagre único e impossível de repetir. Parabéns!

— • —

Há duas coisas nesta vida para as que não estamos preparadas: Gêmeos! Felicidades pelo nascimento dos seus.

— • —

Parabéns pelo nascimento do bebê! Que a alegria de hoje não termine nunca!

— • —

A chegada de uma criança sempre traz muita alegria. Que vocês sejam muito felizes nessa nova fase, e que seu filhinho tenha muita saúde sempre. Parabéns!

Natal, minha criança, é amor em ação. Toda vez que nós amamos, toda vez que nós doamos, é Natal.

Dale Evans Rogers

O Natal é um tempo de benevolência, perdão, generosidade e alegria. A única época que conheço, no calendário do ano, em que homens e mulheres parecem, de comum acordo, abrir livremente seus corações.

Charles Dickens

Sugestões de presente para o Natal: para seu inimigo, perdão; para um oponente, tolerância; para um amigo, seu coração; para um cliente, serviço; para tudo, caridade; para toda criança, um exemplo bom; para você, respeito.

Oren Arnold

A única pessoa realmente cega na época de Natal é aquela que não tem o Natal em seu coração.

Helen Keller

—•—

O Natal agita uma varinha mágica sobre todo o mundo; observe: tudo é mais suave e mais bonito.

Norman Vincent Peale

—•—

Natal não é uma data. É um estado de espírito.

Mary Ellen Chase

—•—

Natal não é uma estação. É um sentimento.

Edna Ferber

—•—

Eu honrarei o Natal em meu coração e o tentarei manter o ano todo.

Charles Dickens

—•—

Natal é mais verdadeiramente Natal quando nós celebramos dando a luz do amor àqueles que necessitam mais.

Ruth Carter Stapleton

Natal! Essa é a estação para acender o fogo da hospitalidade no corredor, o cordial fogo da caridade no coração.

Washington Irving

— • —

No Natal, comemore e tenha bom ânimo, porque ele vem apenas uma vez por ano.

Thomas Tusser

— • —

Natal é o nascimento de Cristo. Ano Novo é o nascimento de uma nova esperança. Que seu Natal seja brilhante de alegria, iluminado de amor. Feliz Natal e um Ano Novo cheio de esperança.

— • —

Que Deus, em sua infinita bondade, abençoe e encha de paz nossos corações na noite de Natal.

— • —

Que Papai Noel lhe traga tudo de bom que você pediu e mais alguma coisa boa que você esqueceu. Um Feliz Natal e Boas Festas!

— • —

São nos pequenos gestos e atitudes do nosso dia a dia que devemos proporcionar o mínimo de alegria e compreensão a todos que nos cercam. Que o espírito natalino encha os nossos corações. Feliz Natal!

Que o espírito natalino traga aos nossos corações a fé inabalável dos que acreditam em um novo tempo de paz e amor. Boas Festas.

Que a paz e a compreensão reinem em nossos corações neste Natal e no Ano Novo que se aproxima. Boas Festas.

Que o Natal de vocês seja a esperança do ano que está por vir, com todas as realizações possíveis.

Que o Natal seja mais um momento em que as pessoas acreditem que vale a pena viver um Novo Ano.

Que o Natal seja um símbolo de amor e paz no coração de todos. Um Feliz Natal repleto de harmonia!

Que a mensagem de fé e esperança do Natal renove nossas forças para continuar lutando no Ano Novo que se anuncia.

O Natal começou no coração de Deus. Só está completo quando alcançar o coração do homem.

Natal quer dizer um espírito de amor, um tempo em que o amor de Deus e o amor dos seres humanos devem prevalecer acima de todo o ódio e amargura; um tempo em que nossos pensamentos, ações, e o espírito de nossas vidas manifestam a presença de Deus.

— • —

Lembre-se: se o Natal não estiver em seu coração, você não o achará debaixo da árvore.

— • —

Feliz Natal! Por que dizemos isso apenas uma vez por ano, quando podemos dizer em qualquer época? É o Natal no coração que põe o Natal no ar. Faz parte do Natal tudo aquilo que, de um jeito ou de outro, manifesta nossa alegria pelo nascimento de Jesus.

— • —

Há mais, muito mais, para o Natal, que luz das velas e a alegria. É o espírito da doce amizade que brilha todo o ano. É consideração e bondade, é a esperança renascida novamente, para paz, para entendimento, e para benevolência dos homens.

— • —

Que o espírito de amor, bondade, justiça e fraternidade perdure durante todos os dias, para que sua vida seja um eterno Natal!

O coelhinho da Páscoa vem nos avisar que Jesus está vivo em nossos corações.

Páscoa é tão somente o recomeço, no qual estará em alta a certeza de um futuro repleto de realizações, esperando que o amor inunde o coração dos seres humanos, pondo fim às guerras e ao egoísmo, permitindo que a paz volte a reinar, como um dia, o nosso Pai, sonhou para nós. Feliz Páscoa!

Que o espírito da Páscoa esteja conosco todos os dias do ano. Para você Feliz Páscoa!

Tenha uma feliz Páscoa! Que o coelhinho te traga muito mais que simples ovos de chocolate: que ele traga muita saúde, amor, felicidade, compreensão, carinho. Que você seja abençoado por Aquele que nos deu Sua vida. É o que deseja este seu amigo que não se esquece de você.

— • —

Páscoa é ajudar mais gente a ser gente, é viver em constante libertação, é crer na vida que vence a morte. Páscoa é renascimento, é recomeço, é uma nova chance para melhorar as coisas que não gostamos em nós.

— • —

Cristo morreu, mas ressuscitou, e fez isso somente para nos ensinar a matar nossos piores defeitos e ressuscitar as maiores virtudes, sepultadas no íntimo de nossos corações. Que essa seja a verdade da sua e da nossa Páscoa.

— • —

Viver a Páscoa
É ser capaz de mudar,
É partilhar a vida na esperança,
É lutar para vencer toda sorte de sofrimento
É dizer sim ao amor e à vida,
É investir na fraternidade,
É lutar por um mundo melhor
Desejo a você uma excelente Páscoa.
Que você possa também renascer e se renovar!

Ressurreição! Que a data dessa passagem sagrada seja repleta de paz e harmonia. Que os povos esqueçam a guerra e vivam em confraternização! Feliz Páscoa

— • —

Páscoa é renascimento, é passagem, é mudança e transformação. É ser um novo ser que recomeça pela própria libertação. Deixe para trás uma vida cheia de poeira e comece agora um novo caminhar cheio de luz, de fortalecimento, esperanças renovadas. Feliz Páscoa!

— • —

A Páscoa não se resume a lembrar a morte e o sacrifício de Cristo, mas é também uma celebração de alegria e vitória por sua ressurreição.

— • —

Que nesta Páscoa a paz, a esperança e o amor renasçam em seu coração! Feliz Páscoa!

— • —

Que essa Páscoa possa ser o recomeço de uma vida cheia de paz e alegria!

— • —

Que o renascimento representado na Páscoa faça renascer a esperança de um mundo melhor para todos. Feliz Páscoa!

O sonho e a esperança são dois calmantes que a natureza concede ao ser humano.

Frederico I

Aquele que toma a realidade e faz um sonho é um artista. Também será artista aquele que do sonho faz a realidade.

Malba Tahan

É tão doce sonhar! A vida nesta terra vale apenas, talvez, pelo sonho que encerra.

Martins Fontes

Bem aventurado é o homem que acha a sabedoria e que adquire o conhecimento. Melhor a sabedoria que as joias. Tudo o que se deseja não se compara à sabedoria.

Salomão

— • —

Podemos converter alguém pelo que somos, mas nunca pelo que dizermos.

Huberto Rohden

— • —

A morada da vida é o coração do homem.

Krishnamurti

— • —

Os conselhos dados com rudeza não produzem efeito; são como martelos repelidos pela bigorna.

Helvetius

— • —

A inveja consome o invejoso como a ferrugem consome o ferro.

Antistenes

— • —

Tudo vale a pena quando a alma não é pequena.

Fernando Pessoa

A arte de ser sábio é a arte de saber o que tolerar.

William James

Os caminhos que conduzem o homem ao saber são tão maravilhosos quanto o próprio saber.

Johannes Kepler

A educação produziu uma vasta população capaz de ler, mas incapaz de distinguir o que vale a pena ler.

George M. Trevelyan

Um homem bem-educado jamais fere os sentimentos das outras pessoas sem querer.

Oscar Wilde

Lógica: a arte de pensar de acordo com as limitações e as incapacidades da falta de compreensão humana.

Ambrose Bierce

As palavras verdadeiras não são agradáveis, e as agradáveis não são verdadeiras.

Lao Tsé

O mais valioso de todos os talentos é aquele de nunca usar duas palavras quando uma basta.

Thomas Jefferson

•

Não zombe das bobagens que os outros dizem. Podem representar uma oportunidade para você.

Winston Churchill

•

Uma frase inteligente não prova nada.

Voltaire

•

A cada dia, a vida oferece uma página em branco no livro da sua existência. Nesse dia, você tem a oportunidade de escrever uma página a mais.

•

Não guarde nada para uma ocasião especial; cada dia que se vive é uma ocasião especial.

•

As mais lindas coisas da vida não podem ser vistas nem tocadas, mas sim sentidas pelo coração.

•

É preciso coragem para levantar e falar, porém é preciso muito mais coragem para sentar e apenas ouvir.

Tudo o que existe nesta vida muda constantemente, pois sua vida consiste em experiências que nos renovam a cada instante.

— • —

Não deixe de fazer algo de que goste por falta de tempo, pois a única falta que terá será desse tempo que não voltará mais.

— • —

Lembre-se que, apesar de todas as situações adversas do dia a dia, está unicamente em suas mãos viver o dia de hoje.

— • —

Quem não vive para servir não serve para viver.

— • —

Viva intensamente cada segundo e pare para contemplar as belezas da natureza e as criaturas maravilhosas que dela fazem parte.

— • —

Não pare sua vida porque o que você deseja não aconteceu. Faça o seu momento, faça acontecer e seja feliz agora.

— • —

O grande mistério é que jamais na sinfonia da vida saberemos em qual movimento nossos instrumentos se calarão.

O tempo segue seu curso enquanto você vai criando marcas para justificar sua história.

— • —

Não perca tempo pensando em coisas que você não quer que aconteça; ocupe todo o espaço mental com o que você quer que aconteça.

— • —

O tempo para ser feliz é agora, e o lugar para ser feliz é aqui.

— • —

As pessoas que fazem diferença na sua vida não são as que têm mais credenciais, prêmios ou dinheiro, mas sim as que se importam com você.

— • —

Preste atenção a tudo o que fizer, veja as ações e os comportamentos repetitivos como uma nova oportunidade de perceber a vida com mais cuidado e amor.

— • —

O maior prêmio da nossa existência está na capacidade de compartilhar a vida.

— • —

A vida pode mudar em um instante para alguns. Às vezes, é necessário viver uma tragédia para recolocar as coisas em perspectiva.

O que realmente importa nessa vida é ajudarmos uns aos outros a vencer, mesmo que isso signifique diminuir o passo e mudar o curso.

— • —

Você é a única pessoa que pode fazer a grande revolução da sua vida.

— • —

Sua vida não é uma coincidência; é uma consequência.

— • —

A única pessoa que acompanhará você a vida inteira é você mesmo. Esteja vivo enquanto você viver.

Não perca tempo em olhar para trás para ver o que se fez. Olhe para a frente e veja que tem muito a fazer.

— • —

Viver sempre vale a pena e passa muito rápido. Você tem talentos e pode fazer a diferença! Então faça!

— • —

Todos os episódios que vivemos na vida, inclusive os piores e mais duros de suportar, são sempre extraordinários e maravilhosas fontes de crescimento.

Não gaste tempo medindo obstáculos e lastimando ocorrências infelizes. Use o tempo a seu favor hoje.

— • —

Não importa o quanto você andou no caminho errado, sempre é tempo de recomeçar.

— • —

O tempo é o melhor remédio e o melhor conselheiro para qualquer situação; não julgue: deixe o tempo trazer a resposta.

— • —

O maior risco da vida é passar por ela e não fazer nada.

— • —

Uma vida não tem importância se não for capaz de impactar positivamente outra vida.

— • —

O tempo passa veloz e quer levar consigo histórias para contar; faça sua história e marque sua passagem com felicidade.

— • —

A vida sempre traz conflitos. Aprenda a lidar com eles com elegância.

Tudo o que somos nos foi dado emprestado um dia pelo criador para que possamos dividir com aqueles que entram na nossa vida.

Você jamais sairá ileso de um ato seu, de bondade ou maldade; o universo lhe responderá da mesma forma.

As quedas fazem parte da vida e do nosso aprendizado. Doem, é verdade, mas o humilhante não é cair quando erramos, mas permanecer no chão enquanto a vida continua.

A vida nos faz promessas, mas nós é que determinamos para aonde vamos.

Nunca desista antes de tentar, e, se for se arrepender de algo, não se arrependa do que você fez, e sim do que você não fez.

Celebrar a vida é somar amigos, experiências e conquistas, dando-lhes sempre algum significado.

O fantástico da vida é estar com alguém que sabe fazer de um pequeno instante um grande momento.

É preciso apenas alguns segundos para abrir profundas feridas nas pessoas, mas são necessário muitos anos para curá-las.

— • —

Aconteça o que acontecer, medite sobre sua postura perante a vida, porque a vida é a melhor escola para que você cresça.

— • —

Seja o melhor que puder ser para todas as pessoas ao seu redor; elas fazem parte da sua vida. Com elas ou por elas, você terá a paz que procura no coração.

— • —

Voltar atrás é melhor que se perder no caminho.

— • —

Quando alguém lhe apresentar mil razões para chorar, mostre-lhe mil e uma razões para sorrir.

— • —

As melhores histórias jamais serão escritas, assim como os melhores momentos jamais retornarão. Por isso, quando estiver feliz, tire o máximo de proveito dessa felicidade, pois o tempo arrastará tudo e só ficarão as lembranças!

O único lugar em que o sucesso vem antes do trabalho é no dicionário.

Albert Einstein

Que ninguém se engane: só se consegue a simplicidade com muito trabalho.

Clarice Lispector

Para o trabalho que gostamos, levantamo-nos cedo e fazemo-lo com alegria.

William Shakespeare

Pensar é o trabalho mais difícil que existe; talvez por isso tão poucos se dediquem a ele.

Henry Ford

Eu acredito demais na sorte e tenho constatado que, quanto mais duro eu trabalho, mais sorte eu tenho.

Thomas Jefferson

— • —

Sua tarefa é descobrir seu trabalho e, então, com todo o coração, dedicar-se a ele.

Buda

— • —

Aqueles que têm um grande autocontrole, ou que estão totalmente absortos no trabalho, falam pouco. Palavra e ação juntas não andam bem. Repare na natureza: trabalha continuamente, mas em silêncio.

Mahatma Gandhi

— • —

O trabalho poupa-nos de três grandes males: tédio, vício e necessidade.

Voltaire

— • —

O prazer no trabalho aperfeiçoa a obra.

Aristóteles

— • —

Que o teu trabalho seja perfeito para que, mesmo depois da tua morte, ele permaneça.

Leonardo da Vinci

Não posso imaginar que uma vida sem trabalho seja capaz de trazer qualquer espécie de conforto. A imaginação criadora e o trabalho para mim andam de mãos dadas; não retiro prazer de nenhuma outra coisa.

Sigmund Freud

— • —

Uma pessoa continua a trabalhar porque o trabalho é uma forma de diversão, mas temos de ter cuidado para não deixarmos a diversão tornar-se demasiado penosa.

Friedrich Nietzsche

— • —

Nunca esqueça que a vaidade é inimiga do espírito de equipe.

Bernardinho
técnico da seleção brasileira de vôlei masculino

— • —

Nenhum de nós é tão inteligente quanto todos nós juntos.

Warren Bennis

— • —

O trabalho em equipe é um malabarismo constante entre o interesse próprio e o interesse do grupo.

Susan Campbell

Unir-se é um bom começo; manter a união é um progresso; trabalhar em conjunto é a vitória.

Henry Ford

As equipes brilhantes são formadas por pessoas especiais que, em geral, se irritam umas com as outras. Mas, com a ajuda espiritual de um líder iluminado, encontram a forma de serem elas mesmas e, ao mesmo tempo, consagrarem-se como equipe.

Tom Peters

Com talento ganhamos partidas; com trabalho em equipe e inteligência ganhamos campeonatos.

Michael Jordan

Quando todos pensam da mesma forma alguém não está pensando.

George Patton